M. W. Radulowits

Die Hauskommunion der Südslaven

M. W. Radulowits

Die Hauskommunion der Südslaven

ISBN/EAN: 9783743620322

Hergestellt in Europa, USA, Kanada, Australien, Japan

Cover: Foto ©Lupo / pixelio.de

Manufactured and distributed by brebook publishing software
(www.brebook.com)

M. W. Radulowits

Die Hauskommunion der Südslaven

Die
Hauskommunion

der

Südslaven.

———•o〉o〈o•———

Inaugural-Dissertation

zur

Erlangung der Doktorwürde

vorgelegt

einer hohen philosophischen Fakultät der Ruprecht-Karls-Universität zu Heidelberg

von

M. W. Radulowits.

Heidelberg.
Verlag von August Siebert.
1891.

Universitäts-Buchdruckerei von J. Hörning in Heidelberg

Übersicht des Inhalts.

Einleitung.

7) Das Vermögen der Hauskommunion.

8) Anführung einiger jetzt bestehender Hauskommunionen nebst der Anzahl der Mitglieder und der Grösse des Besitzes.

9) Die Ausdehnung der Hauskommunion.

10) Keine Einflüsse der Zeit vermochten die Verfassung der Hauskommunionen zu ändern.

11) Die Vorteile der Hauskommunion.

12) Die Nachteile der Hauskommunion.

13) Die Benachteiligung durch die Gesetzgebung und die fortschreitende Kultur als Ursachen des Schwindens der Hauskommunion.

Schlussbetrachtungen.

1) Die Vorteile der Hauskommunion als überwiegend, gegenüber den Nachteilen derselben.

2) Wo die Kulturverhältnisse es gestatten, und die Hauskommunion nicht ein Hindernis für eine fortschreitende Entwicklung des Volkes bildet, ist ihr Bestehen und weiteres Gedeihen zu wünschen.

Einleitung.

Die Grundlage alles menschlichen Gemeinschaftslebens ist bei allen Kulturvölkern die Familie. Diese Thatsache wird von fast allen Schriftstellern, die über den Staat geschrieben haben, anerkannt. Auch Cicero sagt in seinem Buche: de officiis I. 17: „Die innigste Verbindung ist die Familie, der Mittelpunkt, auf welchen die weiteren Kreise zurückweisen. Denn da alle lebendigen Geschöpfe den Naturtrieb besitzen, ihres Gleichen zu erzeugen, so entsteht aus der Geschlechtsverbindung die erste Gesellschaft der Gatten, die nächste der Kinder. Ein Haus und gemeinschaftliches Besitztum vereinigt Eltern und Kinder. Dieser Verein ist der Keim einer Stadt, die Pflanzstätte bürgerlichen Gemeinwesens." Auch Aristoteles spricht sich an verschiedenen Stellen seiner Schriften dahin aus, dass die Familie (οἶκος) etwas Naturgemässes und ein wesentlicher Bestandteil des Staates ist; allerdings stellt er, wie dies ja auch ganz dem Charakter der altklassischen Staaten entspricht, den Staat über die Familie und die Individuen.

Erst in neuerer Zeit haben manche Schriftsteller, besonders aber die Sozialisten und Kommunisten, die Naturgemässheit der Familie angezweifelt und bestritten; sie wiesen dabei auf die rohen uncivilisierten Völker hin, die ohne Familienleben bestehen. Jedoch können Zustände, wie sie uns z. B. ein Schriftsteller, wie Marchand, von Völkern der Südseeinseln mit den Worten schildert: „Chaque femme semble être la femme de tous les hommes, chaque homme le mari de toutes les femmes," von gar keiner Bedeutung für civilisierte Nationen sein. Solche Erscheinungen mögen ja zum Teil in klimatischen und Bodenverhältnissen begründet sein und uns auch ein ungefähres Bild von dem Leben der Menschen in prähistorischer Zeit geben; jedenfalls aber finden wir, dass schon in den ersten Anfängen der Kultur, bei dem Übergang der Völker aus dem wilden Zustande zum Nomadenleben, eine bessere Behandlung der Frauen, und damit Hand in Hand eine fortschreitende Entwickelung des Familienlebens Platz greift.

Unter allen Völkern sind es besonders die Slaven, welche sich durch ihren Hang zum geschlossenen familienhaften Gemeinschaftsleben auszeichnen. Aus diesem haben sich bei den verschiedenen Stämmen der Slaven verschiedene Erscheinungen des Familiengemeinschaftslebens entwickelt, die auch in wirtschaftlicher Beziehung von Bedeutung geworden sind. Es sind dies die russische Gemeinde in ihren zwei Formen; der Gemeindekommunion und dem Mir, bei den Nordslaven, und die Hauskommunion (Zadruga) bei den Südslaven.

Das Wesen der russischen Gemeindeverfassung besteht darin, dass die Gemeinde alleinige Eigentümerin des Grundes und Bodens ist und diesen an die einzelnen Familien zur Nutzniessung für eine bestimmte Zeit verteilt. Nach Ablauf dieser Zeit findet eine neue Verteilung statt, und zwar kann dieselbe auf zweierlei Arten erfolgen[1]). Entweder wird die Zahl der Köpfe in einer Familie oder die Zahl der arbeitsfähigen Mitglieder bei der Zuteilung zu Grunde gelegt. Diejenigen russischen Gemeinden, in welchen die Verteilung auf

---

[1]) Žujović und Borisavljević über die Hauskommunion im „Pobratimstvo" 1881.

die erstere Art erfolgt, bezeichnet man als Gemeindekommunion, die andere als Mir. Häufig wird die Gemeindekommunion mit dem Mir identificiert, indem man blos die
äussere Erscheinung ins Auge fasst, ohne dabei den oben
genannten Unterschied zu beachten. „Die Hauskommunion dagegen ist eine Vereinigung von einer
Anzahl, — in der Regel blutsverwandter Personen,
welche ihre Kräfte und ihr Vermögen zum gemeinschaftlichen Nutzen vereinigen."

Unter den Schriftstellern, welche über die russische
Gemeinde und die Hauskommunion geschrieben haben, besteht ein Streit darüber, ob die russische Gemeinde sich aus
der Hauskommunion heraus entwickelt hat, oder ob das Um-
gekehrte der Fall war.

Der ersteren Ansicht huldigen Žujović und Borisavljević. Sie sind der Ansicht, dass ursprünglich bei allen
Völkern alles Eigentum an Grund und Boden Gemeindeeigentum war, folglich muss sich aus diesem Gemeindeeigentum
durch eine Verteilung desselben an einzelne Familien die
Hauskommunion entwickelt haben.

Die zweite Ansicht wird vertreten durch die Schriftsteller
Savić[1]) und Radosavljević[2]). Beide sind der Meinung,
dass die Hauskommunion eine uralte, bei allen Slaven vor-
kommende Erscheinung ist. Nach ihnen war der ganze Grund
und Boden gemeinschaftliches Eigentum des Stammes. Innerhalb dieser Stämme haben sich die Hauskommunionen gebildet
und in späterer Zeit erst ist durch Vereinigung mehrerer
Hauskommunionen die Gemeinde entstanden.

Unserer Meinung nach sind beide Behauptungen als nicht
zutreffend zu bezeichnen. Wir sind vielmehr der Ansicht,
dass die beiden Erscheinungen des slavischen Gemeinschafts-

---

1) Savić über die Hauskommunion in der Zeitschrift „Pravda"
1869, S. 625.

2) Radosavljević. Die Evolution der serbischen Zadruga.
Bd. I. Belgrad 1886.

lebens sich unabhängig von einander entwickelt haben und dass der Keim beider Erscheinungen in dem bekannten Hang der slavischen Völker zu geschlossenem familienhaften Gemeinschaftsleben zu suchen ist.

Die Behauptung vieler Schriftsteller, dass die Hauskommunion ursprünglich bei allen slavischen Stämmen vorhanden war, ist zurückzuführen auf die Berichte alter Historiker und Chronisten, welche das Familiengemeinschaftsleben der Slaven als eine vorzügliche Eigenschaft derselben bezeichnen. Damit sind aber nicht solche Kommunionsverhältnisse, wie wir sie in späterer Zeit und heute noch vorfinden, gemeint, sondern es sollte eben blos dieser allen Slaven angeborene Hang zum geschlossenen Familiengemeinschaftsleben verherrlicht werden. Erst im Laufe der Zeit hat sich dann dieses primitive Familiengemeinschaftsleben infolge differenzierter Verhältnisse in verschiedener Weise bei den einzelnen slavischen Stämmen weiter entwickelt.

Die Nordslaven, welche in nähere Berührung mit germanischen Sitten und Einrichtungen kamen, konnten sich von dem Einflusse derselben nicht gänzlich fernhalten; die russische Gemeinde zeigt uns manche Ähnlichkeit mit der alten deutschen Markverfassung. Natürlich soll damit nicht gesagt sein, dass wir die Entstehung der russischen Gemeindeverfassung ausschliesslich auf germanische Einflüsse zurückführen.

Bei den Südslaven selbst wieder ist die Entwicklung des ursprünglichen Familiengemeinschaftslebens in verschiedener Weise vor sich gegangen. Auf der einen Seite haben wir die durch die Ausbreitung und Vergrösserung der Familie entstandene Hauskommunion. Diese teilte sich ursprünglich, sobald sie eine bestimmte Grösse und numerische Stärke an Mitgliedern erreicht hatte, in kleinere Hauskommunionen, aber nicht in Einzelfamilien.

Auf der anderen Seite haben wir die sogenannte Wrwa, von welcher in dem sogenannten „Poljički Statut", einer Sammlung von Rechtssätzen aus dem Gewohnheitsrechte der damaligen Zeit gesprochen wird.

Auf den ersten Blick scheint die Wrwa identisch mit der Hauskommunion zu sein. Der Unterschied zeigt sich jedoch bei Betrachtung des Artikels 31 des oben genannten Statuts, welcher folgendermassen lautet: „Sowohl Brüdern wie den übrigen Eigentümern ist alles Gut gemeinsam, so lange sie sich nicht getrennt haben; alles Gute und alles Böse, aller Nutzen und aller Schaden, sowie alle Schulden, — ist andrerseits ihnen jemand etwas schuldig, so ist auch dies alles gemeinschaftlich, solange sie sich nicht getrennt haben, haben sie sich aber getrennt, dann erhält jeder seinen Teil."

Im Laufe der Zeit erfolgte auch wirklich eine vollständige Teilung in Einzelfamilien und einzelne alleinstehende Personen, ohne dass diese neue Wrwa gegründet hätten.

Aus dem Artikel 101 des Statuts ersieht man ferner, dass die Teilung der Viehweiden verboten war, ähnlich wie bei der deutschen Mark. Im Ganzen genommen stellt sich die Wrwa mehr als ein Mittelding zwischen der russischen Gemeinde und der Hauskommunion dar, in ungeteiltem Zustand ist sie eigentlich eine grosse Hauskommunion, während sie durch die Art der Teilung und Auflösung an die russische Gemeinde erinnert.

Diese verschiedenen Erscheinungen des slavischen Gemeinschaftslebens hängen jedenfalls auch zusammen mit der verschiedenen Entwickelung des Eigentums.

Während bei den Nordslaven das Gemeindeeigentum eine bedeutende Rolle spielt, war bei den Südslaven mehr der Begriff des Stammeseigentums entwickelt, wie wir dies noch in Montenegro finden.

Die angeführten Erscheinungen weisen darauf hin, dass das ursprüngliche familienhafte Gemeinschaftsleben der Slaven

sich nach drei verschiedenen Richtungen hin, zur Hauskommunion, zur russischen Gemeinde (Gemeindekommunion
und Mir) und zur Wrwa, entwickelt hat, ohne irgend welche
Abhängigkeit dieser verschiedenen Entwicklungsformen von
einander. Erhärtet wird unsere Ansicht dadurch, dass sich
weder aus den Hauskommunionen Gebilde wie die russische
Gemeinde entwickelt haben, noch dass in einer russischen
Gemeinde eine Hauskommunion entstanden ist.

Auch sonst sind manche Irrtümer bei Schriftstellern, die
sich mit dieser Materie beschäftigt haben unterlaufen; so
verwechselt z. B. Tkalac[1]) die Hauskommunion mit der
russischen Gemeinde.

Ferner werden die Zustände, wie sie in der Hauskommunion herrschen, als patriarchalische bezeichnet. Auch dies
dürfte nicht zutreffend sein. Denn in der reinen Patriarchie
herrscht der Vater oder Patriarch, — alle Anderen
müssen gehorchen, sie haben Pflichten, aber keine Rechte.
In der Hauskommunion dagegen beruht Alles auf gegen-
seitigem Einvernehmen. Der Vater oder Vorsteher der
Hauskommunion ist nur Hauswirt oder Hausverwalter; er
hat für die ganze Familie zu sorgen und ihre Interessen als
die eines Ganzen nach aussen hin zu vertreten, bei allen
seinen Handlungen ist er aber an die Zustimmung der
andern männlichen Mitglieder gebunden. Als ein weiterer
Unterschied ist zu verzeichnen, dass aus patriarchalischen
Verhältnissen oft Staaten hervorgegangen sind, die Hauskommunionen dagegen haben sich zu keinem grösseren Ge-
meinwesen entwickelt, sondern ihre ursprünglichen Tendenzen
beibehalten.

In folgendem soll es unsere Aufgabe sein, das Wesen,
die Verfassung und die Entwickelung der Hauskommunion
des Näheren zu erörtern.

---

1) Dr. E. J. v. Tkalac. Das Staatsrecht des Fürstenthums Serbien. Leipzig 1858.

Wenn man die Erscheinungen des menschlichen Gemeinschaftslebens von einander unterscheiden will, so thut man dies am besten, indem man sie in drei Hauptkreise[1]) einteilt.

1. In solche, in welche man hineingeboren wird, ohne aus ihnen je wieder heraustreten zu können. Hierzu gehören alle auf Blutsverwandtschaft beruhenden Kreise.

2. In solche, in welche man hineingeboren wird, aus denen man aber wieder heraustreten kann. Dazu gehören die Religionsgemeinschaften und der Staat.

Was den Staat anbetrifft, so nimmt derselbe eine besondere Stellung ein. Ein Mensch, welcher im Kulturzustande leben will, braucht nicht einer Religionsgemeinschaft anzugehören, dagegen zeigt sich der Staat als eine unentbehrliche Notwendigkeit. Die Erscheinung des Staates weist auf eine kulturelle Entwickelung des Volkes. Man kann überhaupt nicht von kultureller Entwickelung eines Volkes reden, welches sich noch in einem staatenlosen Zustande befindet.

3. In solche, in welche man frei eintreten, und aus denen man wieder frei heraustreten kann. Dazu gehören alle wirtschaftlichen Associationen.

Es wirft sich uns nun die Frage auf, unter welche dieser drei Gruppen die Hauskommunion zu rubrizieren ist. Die bis jetzt darüber von den Schriftstellern aufgestellten Ansichten sind unserer Meinung nach teilweise unrichtig. Bis jetzt

---

1) **Knies**, Vorlesung über Staatslehre und Politik.

wurde vielfach die Hauskommunion als eine Entwickelungsstufe der auf Blutsverwandtschaft beruhenden Kreise betrachtet
ähnlich wie Sippe und Stamm.

Unter den Schriftstellern, welche diese Ansicht vertreten,
können wir zwei Hauptrichtungen in Bezug auf die Reihen-
folge, wie sich Sippe, Stamm und Hauskommunion auseinander
entwickelt haben sollen, unterscheiden.

Nach der einen Ansicht[1]) hat sich die Hauskommunion
als die nächst höhere Entwickelungsstufe nach der Familie
gebildet. Durch die weitere Ausdehnung der Hauskommunion
entstand die Sippe, und aus der Sippe der Stamm.

Nach der anderen Ansicht[2]) hat sich in den Urzuständen
aus der Familie (wenn hier von einer solchen überhaupt
die Rede sein kann), durch Inzucht und Anhäufung zuerst
ein Stamm gebildet. Diese Anhäufung zu einem Stamme
aber konnte nur bis zu einem gewissen Grade vor sich gehen,
dann trat in demselben eine Teilung ein in Sippen, und
aus diesen Sippen entstanden wiederum durch Teilung die
Hauskommunionen.

Die Vertreter beider Ansichten scheinen nicht die oben-
erwähnten drei Hauptkreise menschlichen Gemeinschaftslebens
unterschieden zu haben, sonst hätten sie nicht die Hauskommunion in die Reihe der Kreise gestellt, in welche man
hineingeboren wird und aus denen man nicht heraustreten
kann, hätten also nicht die Hauskommunion als eine Entwickelungsstufe der auf Blutsverwandtschaft beruhenden Kreise,
wie Sippe und Stamm hingestellt. Die Hauskommunion
ist aber aus folgenden Gründen nicht zu diesen Kreisen zu
zählen:

1. Man kann sowohl in die Hauskommunion hineinge-

---

1) Diese Ansicht war so zu sagen allgemein.
2) Unseres Wissens ist R a d o s a v lj e v i ć der einzige, welcher
diese Ansicht in Bezug auf die Hauskommunion vertritt.

boren werden als auch freiwillig in dieselbe eintreten und aus derselben heraustreten.

2. Wir haben in der Wissenschaft als die Kreise des menschlichen Gemeinschaftslebens, in welche man hineingeboren wird und nicht heraustreten kann, die Familie, die Sippe und den Stamm angeführt. Es ist schwerlich anzunehmen, dass die Bildung dieser Kreise bei den Slaven durch die Hauskommunion als Zwischenstufe durchbrochen wurde.

3. Wie aus der Definition der Hauskommunion ersichtlich ist, haben die Mitglieder derselben ihre Kräfte und ihr Vermögen zum gemeinschaftlichen Nutzen vereinigt, dadurch bekommt also die Hauskommunion den Charakter einer E r - w e r b s g e n o s s e n s c h a f t, wäre also insofern unter den dritten Hauptkreis menschlichen Gemeinschaftslebens zu rechnen.

4. Würde die Hauskommunion zu den blutsverwandtschaftlichen Verbänden gehören, wie die Sippe und der Stamm, die sich heute auch noch in Nationalitäten und Raçen erweitert haben, so hätte auch sie sich in diese grösseren Kreise aufgelöst. Dies ist aber nicht der Fall. Die Hauskommunion ist durch wirtschaftliche Ursachen entstanden zum Zweck des gemeinsamen Erwerbs und gemeinsamen Genusses und hat sich, wo die Verhältnisse die gleichen geblieben sind, bis heute noch erhalten; anderswo dagegen hat auch die Hauskommunion den durch fortschreitende Kultur veränderten Verhältnissen weichen müssen.

5. Heute können sich keine neuen Sippen und Stämme bilden, aber neue Hauskommunionen können immer noch entstehen. Daraus folgt, dass die Bildung von Hauskommunionen von dem Willen des Menschen abhängig ist. Die Bildung der blutsverwandtschaftlichen Verbände dagegen in ihren verschiedenen Stufen (Sippe, Stamm und im weiteren Sinne des Wortes Nationalität und Raçe), welche auch numerisch von

einander verschieden sind, ist auf die natürliche Vermehrung der Menschheit zurückzuführen, welche von dem Willen der Menschen unabhängig ist.

6. Der Umstand, dass auch nicht blutsverwandte Personen in die Hauskommunion aufgenommen werden können, veranlasst uns die Hauskommunion als nicht zu den Kreisen gehörend zu betrachten, in welche man hineingeboren wird und aus denen man nicht wieder heraustreten kann. Selbst das Wort „Aufnahme" schliesst eine solche Auffassung aus.

Da eine derartige Aufnahme anderer nicht blutsverwandter Personen in die Hauskommunion die Ausnahme bildet, die Mitglieder einer Hauskommunion vielmehr in der Regel durch Blutsverwandtschaft verbunden sind, so haben eben viele Schriftsteller sich dazu verleiten lassen, die Hauskommunion unter die blutsverwandtschaftlichen Verbände, wie Sippe, Stamm u. s. w. zu zählen.

Die Erscheinung aber, dass in einer Hauskommunion gewöhnlich nur Blutsverwandte vereinigt sind, ist auf ganz andere Ursachen zurückzuführen. Die Bildung einer Hauskommunion erfolgt nämlich fast in allen Fällen dadurch, dass die Söhne nach dem Ableben ihrer Eltern mit ihren Familien weiter in Gemeinschaft leben und auf diese Art eine Hauskommunion begründen.

Unserer Ansicht nach darf man die Hauskommunion unter keinen der drei oben angeführten Hauptkreise zählen, da sie von keinem derselben sämtliche Merkmale besitzt. Wie wir schon oben erwähnt haben, kann man in eine Hauskommunion ebensowohl hineingeboren werden als freiwillig in dieselbe eintreten und ebenso ist auch der Austritt aus derselben möglich; will man etwa den Zweck der Gründung einer Hauskommunion als das Moment, durch welches die Zugehörigkeit zu einem der Kreise menschlichen Gemeinschaftslebens bestimmt werden soll, betrachten, so könnte man die Hauskommunion zu den wirtschaftlichen Associationen rechnen.

Wenn wir uns nun die Frage stellen, wann und unter
welchen Umständen die Hauskommunion entstanden sein
mag, so glauben wir nach dem Wesen der Hauskommunion
einen bestimmten Zeitpunkt zu finden, vor welchem die Bildung der Hauskommunion aller Wahrscheinlichkeit nach un-
möglich war.

Das Wesen der Hauskommunion und ihre wirtschaftliche
Grundlage und die Rechtssätze, welche die Hauskommunionsverhältnisse regeln, weisen auf einen unbeweglichen Besitz
hin, während auch die Gleichstellung der einzelnen Mitglieder
und die gleichmässige Verteilung der Arbeit eine höhere
kulturelle Entwickelung zur Voraussetzung haben.

Durch diese beiden Momente lässt sich ungefähr der
Zeitpunkt bestimmen, in welchem wir die ersten Keime der
Hauskommunionen suchen können.

Erst von der Zeit an, wo die Slaven das nomadische
Leben verliessen und den Ackerbau zu pflegen anfingen, wo
dann im Anschluss daran der Begriff des begrenzten unbeweglichen Eigentums sich zu entwickeln begann und feste
Rechtsgrundsätze der herrschenden Rechtsunsicherheit ein
Ende machten, kann die Entstehung der Hauskommunion da-
tieren.

Auch wenn wir unseren Blick auf die Verfassung der
Hauskommunion richten, so erkennen wir, dass wir schon
mit entwickelteren Kulturzuständen zu thun haben, als wir
sie bei Nomadenvölkern vorfinden. Die Verfassung der
Hauskommunion beruht auf der Gemeinschaftlichkeit des
Vermögens und auf der gleichmässigen Verteilung der Arbeit unter die einzelnen Mitglieder. Wichtigere Angelegenheiten werden in der Kommunionsversammlung besprochen
und von dem Hausvater ausgeführt. Dadurch erscheinen
uns die Kommunionsversammlung und der Hausvater als die zwei wesentlichen Organe der Hauskommunion.
Deshalb müssen wir uns zuerst mit der Kommunions-

versammlung und dem Hausvater als den Organen
der Hauskommunion befassen und daran anschliessend besonders mit den übrigen Mitgliedern der Hauskommunion
und endlich auch über das Vermögen der Hauskommunion
sprechen.

I. Die Organe der Hauskommunion.

a) Kommunionsversammlung als Hauptorgan.

Zu der Kommunionsversammlung haben Zutritt nur die
volljährigen männlichen Mitglieder der Hauskommunion. Die
Versammlung hat nicht den ausgesprochenen Charakter einer
beschliessenden Versammlung, wo einfach die Mehrheit ent-
scheidet, wie etwa die Volksversammlung eines demokratischen
Staates, sondern es werden in der Regel die Ratschläge
älterer Mitglieder befolgt, und der Verlauf der Versammlung
hat mehr das Aussehen einer gütlichen Besprechung und
Beratung. Bei alledem ist trotzdem das Ergebnis einer derartigen Beratung allein massgebend und alle wichtigeren
Geschäfte dürfen nur mit Zustimmung der Kommunionsversammlung vorgenommen werden. Die Beschlüsse, die gefasst
werden, beziehen sich hauptsächlich auf Veräusserung oder
Ankauf von Gütern, über die vorzunehmenden Arbeiten und
über die Aufnahme oder Ausschliessung eines Mitgliedes
aus dem Kommunionsverbande. Ebenso werden säumigen
und unordentlichen Mitgliedern Verweise erteilt und Strafen
auferlegt. In dieser Versammlung erfolgt endlich die Rechen-
schaftsablage über die Einnahmen und Ausgaben der Hauskommunion und die Genehmigung des betreffenden Berichts.

b) Der Hausvater.

An der Spitze der Hauskommunion steht der Hausvater
oder Hausverwalter, aber nur gleichsam als primus inter pares.

Früher war in der Regel von einer eigentlichen Wahl überhaupt kaum die Rede; denn gewöhnlich wurde die Haus-
vaterstelle nach dem Tode oder der Absetzung des früheren
Hausvaters demjenigen übertragen, der an Alter der Nächste
war. In neuerer Zeit dagegen beruft man auch jüngere
Mitglieder zu der Stellung eines Hausvaters, da diese doch
infolge des Schulbesuchs mehr Kenntnisse, besonders im
Rechnen und Schreiben haben, als die älteren Mitglieder, die
meist noch Analphabeten sind, wenn sie vielleicht auch infolge ihres Alters mehr Erfahrung besitzen. Frauen können
nicht die Hausverwalterstelle übernehmen, so lange noch
volljährige männliche Mitglieder in der Hauskommunion vorhanden sind.

Die Bestellung eines neuen Hausvaters erfolgt gewöhnlich sofort nach dem Tode beziehungsweise der Absetzung des
vorhergehenden, in Bulgarien dagegen, wenn hier überhaupt
von Hauskommunionen die Rede sein kann, nach einem Bericht von Zachariev erst 40 Tage nach dem Tode des Vor-
gängers.

Die Absetzung eines Hausvaters kann erfolgen wegen
hohen Alters, körperlicher Leiden, schlechten Betragens, ge-
richtlicher Bestrafung. Der Hausvater hat die Oberleitung
und die Executive. Alle erwachsenen männlichen Hausgenossen werden zwar in wichtigeren Angelegenheiten zur Beratung gezogen, sonst aber haben sie den Anordnungen des
Hausvaters Folge zu leisten. Den Hausvater wählen die volljährigen männlichen Mitglieder der Hauskommunion frei aus
ihrer Mitte. Die Befugnisse des Hausvaters hinsichtlich des
gemeinschaftlichen Vermögens sind sehr gering. Er kann
ohne die Zustimmung der Genossen über das gemeinschaftliche Vermögen nicht disponiren, — nichts veräussern oder
verpfänden, — er ist an ihre Zustimmung gebunden, für alle
Eigenmächtigkeiten verantwortlich, — alles, was bei einer
Kommunionsversammlung beschlossen wird, ist er auch ver-

2

pflichtet auszuführen, widrigenfalls seine Absetzung erfolgen kann. Der Hausvater vertritt die Hauskommunion nach aussen hin, der Gemeinde und den anderen staatlichen Obrigkeiten gegenüber. Er verwaltet das gemeinschaftliche Geld und besorgt die nötigen Einkäufe. Der Hausvater ist angewiesen, an die Hausgenossen die Arbeit gleichmässig und unparteiisch zu verteilen.

c) Die Hausmutter.

Dem Hausvater zur Seite steht die Hausmutter, in der Regel ist sie seine Frau. Sie hat über die Arbeit der weiblichen Hausgenossen die Anordnung zu treffen und die Haushaltung zu führen.

2. Die übrigen Mitglieder der Hauskommunion.

Als Mitglieder der Hauskommunion haben wir zu bezeichnen: den Hausvater und die Hausmutter, welche eine besondere Stellung einnehmen und deren Funktionen im Vorhergehenden näher bezeichnet sind.

Dazu kommen noch die männlichen und die weiblichen Mitglieder der Hauskommunion in gereifterem Alter und die Kinder.

a) Die männlichen Mitglieder der Hauskommunion.

Wie schon bemerkt, ist die Verteilung der Arbeit unter die Hausgenossen eine möglichst gleichmässige. Die gegenseitige Liebe unter den Hausgenossen wird nie gestatten, dass den älteren und schwächeren Mitgliedern eine schwerere Arbeit bestimmt wird. Ausserdem tritt eine Verteilung der Arbeit nach den Fähigkeiten der einzelnen Hausgenossen ein.

Ein jeder Hausgenosse kann auch ein eigenes Vermögen besitzen, welches aus beweglichen Gütern besteht und welches gewöhnlich durch die Ausübung eines Handwerks in den freien Stunden erworben wird.

Wenn die Zeit kommt, gewisse Arbeiten auf dem Felde vorzunehmen, dann geht diesen eine gemeinschaftliche Besprechung voraus, wobei die einzelnen Arbeiten nach der oben erwähnten Art und Weise verteilt werden.

Ein Mitglied kann aus der Hauskommunion ausgestossen werden, wenn dasselbe ein schlechtes Betragen zeigt, dass der Ruf der Hauskommunion darunter zu leiden hat.

b) Die weiblichen Mitglieder der Hauskommunion
(die Frauen und die Witwen).

Sobald ein Mädchen in eine Hauskommunion hineinheiratet, nimmt sie auch alle Pflichten derselben auf sich. Selbstverständlich können ihnen nur die weiblichen Arbeiten auferlegt werden. Ausserdem müssen die Frauen bei den Feldarbeiten mithelfen, wie z. B. bei der Einheimsung der Ernte, beim Herbsten in den Weinbergen etc.

Zu den Versammlungen und Beratungen der Hauskommunion haben die Frauen keinen Zutritt.

Nach dem Ableben ihres Mannes bleiben die Witwen entweder noch weiter in der Hauskommunion oder sie kehren zu ihrer Familie zurück. Es kommt oft vor, dass die Witwen — hauptsächlich die kinderlosen — wieder heiraten. Wenn bei der Wiederverheiratung noch Kinder aus der ersten Ehe vorhanden sind, so bleiben dieselben in den meisten Fällen in der Hauskommunion, — andernfalls nehmen die sich wieder verheiratenden Witwen die Kinder mit. Wenn die Kinder erwachsen sind, so kehren dieselben, — hauptsächlich die männlichen, in ihre väterliche Hauskommunion zurück.

c) Die Kinder.

Nirgends ist den Kindern die Zukunft so gesichert wie in der Hauskommunion. Leben ihre Eltern noch, so werden sie von denselben erzogen, — die einen zu guten Landwirten, während andere auch auf höhere Schulen geschickt werden. Letzteres geschieht aber auf specielle Kosten des Vaters und nicht der Hauskommunion.

Beim Ableben der Eltern werden die Kinder von den anderen Mitgliedern der Hauskommunion auf die gleiche Weise erzogen.

Wenn ein Mädchen zur Verheiratung schreitet, so wird sie mit einer Aussteuer und etwas Geld ausgestattet und kann in Zukunft keinen Anspruch mehr auf einen Teil des Vermögens der Hauskommunion machen.

3. Das Vermögen der Hauskommunion.

Das ganze bewegliche und unbewegliche Vermögen ist gemeinschaftliches Gut der ganzen Hauskommunion, und alle Mitglieder derselben, ohne Unterschied des Geschlechtes, sind Miteigentümer. In der Regel ist das ganze Vermögen unteilbar. Nach den Bedürfnissen und Umständen kann das bewegliche Gut geteilt werden, — das unbewegliche dagegen nur in dem Falle, dass es die Mehrheit der Mitglieder der Hauskommunion beschliesst. Die Genossen wirtschaften mit vereinten Kräften auf diesem gemeinschaftlichen Besitze. Die Grösse des Besitzes der Hauskommunion ist vielfach abhängig von der Grösse der Hauskommunion selbst, von der Beschaffenheit des Bodens und von der Höhenlage und klimatischen Verhältnissen der verschiedenen Teile des Landes. Zum Beweis dafür, dass die Hauskommunionen in der Regel sehr gross und sehr reich sind, wollen wir einige jetzt bestehende Hauskommunionen anführen nebst der Anzahl der Mitglieder und der Grösse des Besitzes.[1]) Im Nachfolgenden

---

1) Die nachfolgenden Mitteilungen stammen aus einem Spezialbericht eines serbischen Freundes des Verfassers.

werden der Kürze halber die Hauskommunionen mit dem Familiennamen bezeichnet.

1. **Petar Jokić in Bogatić.** Diese Hauskommunion umfasst 18 männliche und 12 weibliche Mitglieder, 72,86 Hektar Land, ein grösseres gemeinschaftliches Haus mit den nötigen Wirtschaftsgebäuden, 20—30 Stück Grossvieh, 4—6 Stück Pferde, an 100 Stück Schweine und 40—50 Stück Schafe. Die Angaben bezüglich des Viehstandes können nicht genau angeführt werden, da die Grösse desselben durch Ankauf und Verkauf stets wechselt. Darum werden wir in der Beschreibung der nachfolgenden Hauskommunionen diesbezügliche Angaben auslassen.

2. **Proka Djurković in Dublje** mit 13 männlichen und 13 weiblichen Mitgliedern, 280,44 Hektar Land, ein Haus mit erforderlichen Wirtschaftsgebäuden und Landwirtschaft mit Dampfbetrieb.

3. **Stanoje Dostanić aus S. Noćajski.** Besteht aus 16 männlichen und 8 weiblichen Mitgliedern, — der Besitz an Land beträgt 149,57 Hektar.

4. **Petar Smiljanić aus Belotić.** Besteht aus 15 männlichen und 17 weiblichen Mitgliedern, — der Besitz an Land beträgt 145 Hektar.

5. **Jakov Starčević aus Banovo Polje.** Besteht aus 13 männlichen und 12 weiblichen Mitgliedern. Der Besitz an Land beträgt 80 Hektar.

6. **Manojlo Grabovac aus Glušac.** 14 männliche und 18 weibliche Mitglieder, — Besitz an Land 57—67 Hektar.

Was die Einkünfte und Ausgaben dieser und ähnlicher Hauskommunionen betrifft, so konnten wir keine genauen Angaben aus dem vorliegenden Berichte erhalten, — aus den nachfolgenden Ziffern aber können wir ungefähr den Wert des Bodens und die Einkünfte einer solchen Hauskommunion berechnen. In der Gegend, wo sich die angeführten Hauskommunionen befinden, kostet ein Hektar Land bis 200 Du-

katen = 2400 Francs. Der Ernteertrag eines Hektars beträgt
an Weizen oder Hafer 10 bis 12 Doppelzentner, an Mais 30
bis 40 Doppelzentner.

Hauskommunionen, wie die im vorstehenden Bericht angeführten, bildeten noch vor 30 Jahren die Lebensbasis der
gesamten Landbevölkerung Serbiens, Slavoniens, Kroatiens,
Wojwodschaft Serbien, Dalmatiens, der gesamten Militärgrenze,
Bosniens, der Herzogewina und Montenegros. Heute kommt
die Hauskommunion noch in allen diesen Ländern vor, aber
nur noch in dem Verhältnis, dass die Zahl der Einzelfamilien
weit grösser ist, als die der Hauskommunionen. [1])

Über die Existenz der Hauskommunion in Bulgarien weiss
man sehr wenig, man kann wohl mit Recht annehmen, dass
dieselbe in diesem Lande nie zu solcher Vollendung gelangt
ist, wie in anderen slavischen Ländern. Wie bekannt, ge-
hörten die Bulgaren nicht den slavischen Stämmen an. Bei
ihrer Niederlassung auf der Balkanhalbinsel nahmen sie von
den dort ansässigen Slaven Sprache, Religion und alle Sitten
an. Und so ist auch ein etwaiges Vorkommen der Hauskommunionen bei den Bulgaren zurückzuführen auf die Ver-
schmelzung derselben mit den Slaven. Trotzdem konnte die
Hauskommunion in Bulgarien keinen festen Boden fassen.

Krauss[2]) berichtet uns darüber folgendes:

„Zacharijev, — der nüchternste und zuverlässigste Beob-
achter Bogisiċs, hat von Hausgemeinschaften überhaupt keine
Kunde. Odżakow weiss von dieser Institution in seiner
engeren Heimat eigentlich auch nichts Sicheres zu berichten,
doch soll es in der Gegend von Vidin, Sofija und anderswo,

---

1) Alle Angaben über die Hauskommunion beziehen sich auf
die Landbevölkerung, — in den Städten sind keine Hauskommunionen mehr zu finden.

2) Dr. F. Krauss. Sitte und Brauch der Südslaven. Wien
1885. Seite 68.

z. B. um Trnovo und Ruščuk herum dergleichen geben. Mein Bekannter, Herr Stojan Jovanović, der als Photograph die Umgegend von Sofija vielfach begangen hat, erzählte mir, es fänden sich wohl in jedem Dorfe zwei, drei Hausgemeinschaften, mehr aber nicht. Auf meine Frage, wieviel Leute in einer solchen Hausgemeinschaft vereinigt wären, meinte er, höchstens 10—15 Menschen, der Vater mit seinen unverheirateten Kindern. „Das ist ja keine Hausgemeinschaft,“ bemerkte ich. Darauf schwieg er. Nach Karanov's Bericht im Periodič. spisanja (1. Heft, XI, 1876, S. 128) scheint es in der Gegend von Kratovo wohl Hausgemeinschaften zu geben; denn er sagt, „die Heimwesen auf den Dörfern zählen 30—40 Seelen.“

Vergleichen wir die Verfassungen der jetzt noch bestehenden Hauskommunionen mit denen der Hauskommunionen früherer Zeiten, so finden wir, dass die Verfassung der Hauskommunion im Laufe der Zeit ganz unverändert geblieben ist. Soweit die staatliche Gesetzgebung hier eingegriffen hat, regelte sie blos die Teilung der Hauskommunionen und deren Verpflichtungen dem Staat gegenüber. Wir werden weiter unten Gelegenheit nehmen, auf diese staatliche Gesetzgebung näher einzugehen.

Die Einführung des Christentums hat keine Veränderungen in der Verfassung der Hauskommunion zur Folge gehabt und die Kirche hat sich auch in keiner Weise veranlasst gesehen einen Einfluss auf die Veränderung der althergebrachten Verfassung auszuüben. Der Grund wird darin zu suchen sein, dass die Einrichtungen, welche in der Hauskommunion existierten, in keinem wesentlichen Widerspruche mit den Geboten der christlichen Religion standen, so z. B. war die unbegrenzte Anhänglichkeit der Mitglieder einer Familie an einander die vorzüglichste Eigenschaft der Slaven.

Der slavische Chronist Nestor bezeichnet sie als eine Nationaltugend und ebenso ruft der Erzbischof von Gnesen,

Johannes, aus: „Beata plus quam beata fraterna societas, apud quam plus pietatis valet religio quam ambitus principandi."

„Die Verachtung des heiligen Familienbandes, der Gedanke und die Absicht, von ihm sich loszutrennen, wurde bei den Slaven als ein Verbrechen angesehen, vor dem die Natur zurückbebte." Vgl. Utiešenović, die Hauskommunion der Südslaven. Wien 1859. Ebenso war die Gastfreundschaft bei allen Slaven von jeher im höchsten Masse ausgebildet.

Durch die Hauskommunion konnte sich das Land vom Pauperismus und Proletariat dergestalt frei halten, dass wahre besitzlose Armut eine seltene Ausnahme war, während diese Übel und die damit zusammenhängende politisch-soziale und moralische Verderbnis fast auf der ganzen übrigen europäischen Bevölkerung in empfindlichem Masse lasten. Diesem Übel abzuhelfen werden jährlich Millionen ausgegeben zur Errichtung von Armen- und Altersversorgungsanstalten. In den Gegenden, wo die Hauskommunion besteht, werden die arbeitsunfähigen und alt gewordenen Mitglieder bis an ihr Lebensende verpflegt. Die elternlosen Kinder haben ausser ihren Eltern nichts zu vermissen, denn für ihr Fortkommen und ihre Erziehung ist gesorgt.

In der Hauskommunion wird das eheliche Leben in hohem Masse gepflegt; jeder junge Mann in einer Hauskommunion heiratet, sobald er in das Heiratsalter kommt und von wie grosser Bedeutung eine möglichst geringe Zahl von Unverehelichten für die Existenz eines Staates ist, das beweisen die Versuche mancher Staaten den Abschluss von Ehen zu fördern.

Eine Folge dieser Hochschätzung des ehelichen Verhältnisses ist aber jedenfalls die überall in der Hauskommunion herrschende Sittlichkeit und im Zusammenhang damit die relativ geringe Zahl von Vergehen und Verbrechen in den Ländern, wo die Hauskommunion herrscht, gegenüber anderen

Ländern wie aus der nachstehenden statistischen Zusammenstellung Utješenovićs vom Jahre 1856 für die verschiedenen
Länder der Österreichisch-Ungarischen Krone ersichtlich ist.

Kronland	Be-völkerungs-Zahl	Verurteilung in	
		Verbrechen u. Vergehen	Über-tretungen
Böhmen	4,406,105	4805	87,231
Bukowina	382,000	148	901
Civil-Kroatien und Sla-vonien	874,000	495	3945
Dalmatien . . .	419,000	472	2907
Kärnthen	301,000	302	3587
Krain	478,000	433	3810
Küstenland . . .	524,000	632	5899
Mähren	1,851,500	2807	28,631
Ober-Österreich . .	717,000	732	6528
Salzburg	148,000	238	2076
Schlesien	997,000	905	10,315
Steiermark . . .	997,000	1160	8318
Tirol und Voralberg .	858,000	770	6457

und so fort.

Hiernach [1]) beträgt bei annähernd gleicher und selbst
geringerer Bevölkerungszahl die Zahl der Straffälle in Tirol
fast das doppelte, in Steiermark mehr als das doppelte der
Verurteilungen als in Kroatien und Slavonien. In Dalmatien,
Kärnten, Krain, bei einer mehr als um die Hälfte geringeren
Bevölkerungszahl, erreichen die Straffälle annähernd jene
Kroatiens und Slavoniens, in Schlesien mit ebensolcher Be-
völkerungsziffer, übersteigen sie solche fast um das Fünffache,

---

1) Vergleiche Utješenović, Seite 151.

in Salzburg, bei kaum mehr als beiläufig ¹/₆ der kroatisch-
slavonischen Bevölkerungszahl, wurden nur um die Hälfte
weniger als daselbst Gesetzesübertreter verurteilt. — Von
den übrigen Kronländern gar nicht zu reden, wovon nur jene
in Italien sich günstiger gestalten. Das industrielle Böhmen
zeigt so recht das jammervolle Bild der proletarischen Moral,
indem es nach seiner fünfmal grösseren Bevölkerungszahl
gegenüber Kroatien und Slavonien auch nur fünfmal mehr
Gesetzesübertretungen haben sollte. Es hat aber deren nicht
weniger als fast die zehnfache Zahl von Verbrechen und
Vergehen und etwa zwanzigmal mehr Übertretungen aufzuweisen.

Für Serbien besitzen wir ebenso eine Zusammenstellung,
wonach mit der fortschreitenden Auflösung der Hauskommunionen, auch die Anzahl der Verbrechen, der Vergehen und
der Übertretungen im Wachsen begriffen ist.[1] Die Zahl der
strafbaren Handlungen hat sich vergrössert in den Jahren
1864—67 gegenüber in den Jahren 1861—63, ausgenommen
die Verbrechen des Todtschlags und des Mordes. In den
Jahren 1861—63 kamen 3603 Diebstähle vor und in den
Jahren 1864—66, 5359. Für andere strafbaren Handlungen
verhandelten die Gerichte in den Jahren 1861—63 über 5805
und von 1864—67 über 8742 Fälle. Polizeiliche Übertretungen gab es von 1861—1863 34,816 und von 1864—1866
95,324 etc.

Diese Angaben stammen aus den Protokollen der Ver-
handlungen der Skupština (Volksvertretung) vom Jahre
1864—67. Aus denselben kann man ersehen, dass, seit dem
sich die Hauskommunionen immer mehr und mehr aufgelöst
haben, die Zahl der strafbaren Handlungen zugenommen hat.

Auch für die staatliche Verwaltung ist die Hauskommunion von grosser Bedeutung. Von vorne herein besteht

[1] Vergleiche Borisavljević und Žujović, „Pobratimstvo" VI,
1881, S. 415.

schon eine Beaufsichtigung der einzelnen Mitglieder durch den Hausvater. Der Hausvater tritt jeder schlechten Gesinnung entgegen. Bei der Erhebung der Steuer erwächst dem Staat in doppelter Art ein Vorteil: Erstens besitzen Alle die Mittel, um die Steuern zu bezahlen, und zweitens braucht der Staat nicht dieselben von jedem Einzelnen zu fordern, sondern der Hausvater besorgt die Zahlung für die ganze Hauskommunion.

Ebenso ist die Sorge für die Armen, das Alter, Witwen und Waisen und die Sittlichkeitspolizei, die in anderen Ländern der staatlichen Verwaltung obliegt, in den Ländern, wo die Hauskommunion besteht, durch diese übernommen und dem Staat dadurch eine bedeutende Ersparung an Aufgaben und Ausgaben für Beamte erwachsen.

Ausser diesen Vorteilen, die teils in ethischer Beziehung, teils für den Staat von Bedeutung sind, vermag die Hauskommunion auch wirtschaftliche Vorzüge aufzuweisen. Dadurch, dass der Grund und Boden als Eigentum der ganzen Hauskommunion betrachtet wird und infolge dessen einer Teilung durch Erbschaft entzogen ist, wird einer weitgehenden Parzellirung des Bodens vorgebeugt. Dazu trägt noch der Umstand bei, dass der Verkauf oder die Verpfändung von Teilen des Gutes dadurch erschwert wird, dass die Mehrheit der Kommunionsversammlung ihre Zustimmung geben muss.

Wenn wir in dieser Hinsicht die Hauskommunion mit einer germanischen Einrichtung vergleichen wollen, so liegt es nahe an die Vorteile des Anerbenrechts zu denken. Auch hier wird dadurch, dass das ganze Gut ungeteilt an einen Einzigen übergeht, und die Andern mit einer Geldsumme abgefunden werden, einer Zersplitterung des Grund und Bodens vorgebeugt, besonders wenn wegen Deterioration des Gutes oder wegen unerlaubter Veräusserung und Verpfändung der Bauer entsetzt (abgemeiert) werden konnte. Doch ist weder das Anerbenrecht noch auch das Institut der Fideikommisse geeignet einer ausgedehnten Güteragglomeration entgegenzuwirken. Dagegen ist bei der Hauskommunion keine Gefahr für die Entwickelung des Latifundienwesens vorhanden, denn einmal hält die Zunahme an Grund und Boden gleichen Schritt mit der Vermehrung der Mitgliederzahl einer Hauskommunion. Anderseits tritt, wenn die Zahl der Mitglieder eine bestimmte Höhe erreicht hat, eine Teilung der ursprünglichen Hauskommunion in mehrere kleinere Hauskommunionen oder Einzelfamilien ein. Wenn hier einige Schriftsteller die Ansicht aussprechen, dass infolge einer fortwährenden Teilung dieser Hauskommunionen der Grundbesitz einer solchen sich immer verringert, so trifft dies blos dann vollständig zu, wenn eine solche Teilung infolge von Verarmung der ursprünglichen Hauskommunion erfolgt ist. Dagegen bekommen bei der Teilung einer auf gesunden Grundlagen beruhenden Hauskommune die sich neu bildenden Hauskommunionen so viel, dass der ihnen zufallende Teil als Stammgut für neu zu erwerbenden Besitz dienen kann. [1])

Vor allem wird durch die erwähnte Vereinigung eines grösseren Besitzes in der Hand einer Hauskommunion dieselbe auch kreditfähiger und ihr hierdurch die Möglichkeit eines bedeutenderen Kapitalaufwands und eines infolge dessen intensiveren Betriebs gegeben. So finden wir, dass viele Hauskommunionen im Besitz von grösseren landwirtschaftlichen Maschinen sich befinden, auch solcher die mit Dampf betrieben werden. Durch diesen intensiveren Betrieb wird natürlich die Landwirtschaft eines Staates, wo die Hauskommunionen in grösserer Verbreitung vorhanden sind, öfter in den Stand gesetzt, mehr zu produzieren, als für den Bedarf des betreffenden Landes notwendig ist und infolge dessen Getreide exportieren.

An den erwähnten Vorteil, der nicht nur für die einzelne Hauskommunion, sondern überhaupt für die gesamten Agrar-

---

1) Wir verweisen auf die weiter oben angeführten Hauskommunionen und deren Besitz.

verhältnisse des Landes, wo Hauskommunionen bestehen, von eminenter Bedeutung ist, reihen sich noch manche andere wichtige Vorzüge an. Wir haben schon oben bei der Definition der Hauskommunionen darauf hingewiesen, dass das eigentliche Wesen der Hauskommunionen in der Vereinigung mehrerer produktiver Kräfte zum Zweck gemeinschaftlichen Erwerbs besteht und es wird ein jeder Kenner der Verhältnisse zugeben, dass in der Hauskommunion eine Art Produktivgenossenschaft in äusserst glücklicher Weise zur Durchführung gekommen ist, wozu allerdings das blutsverwandtschaftliche Verhältnis der einzelnen Mitglieder der Hauskommunion zu einander viel beiträgt. So besitzt denn auch die Hauskommunion alle die Vorzüge, welche von denjenigen wirtschaftlichen Genossenschaften angestrebt werden, die sich die Aufgabe stellen, die Vorteile des Grossbetriebs sich zu eigen zu machen, und den in sozialer Beziehung so bedeutsamen Klassenunterschied zwischen Arbeiter und Unternehmer zu mildern.

Ein weiterer Vorteil dieser genossenschaftlichen Produktionsweise ist das gerade bei der Hauskommunion gemeinsame gleich starke Interesse aller Mitglieder an dem Gedeihen der Produktion. Jeder ist sich bewusst, dass er und die Seinigen einen gesicherten Anteil an dem Gesamterwerb der Hauskommunion hat, und dass die Früchte seines Fleisses nicht ausbleiben werden. Dieses Bewusstsein, ebenso das Gefühl der Gleichberechtigung mit den übrigen Mitgliedern der Hauskommunion und der wirtschaftlichen Unabhängigkeit von einem über den Einzelnen stehenden Unternehmer, — jeder ist hier zugleich Arbeiter und Unternehmer, — trägt nicht zum mindesten zu der gedeihlichen Entwickelung der Hauskommunion bei. Ein Blick auf diese dürfte genügen, um der pessimistischen Ansicht, die z. B. von der Goltz in Schönbergs Handbuch über die landwirtschaftliche Produktion mit den Worten ausdrückt: „Alle Versuche, welche in menschen-

freundlicher oder auch schwärmerischer Absicht hie und da
gemacht worden sind, innerhalb eines bestimmten Kreises von
Menschen die Landwirtschaft genossenschaftlich zu betreiben,
haben sich auf die Dauer nicht bewährt; die landwirtschaftliche Produktion lässt sich nicht beliebig konzentrieren", eine
allgemein gültige Berechtigung zu versagen. Allerdings darf
nicht geleugnet werden, dass die glückliche Durchführung
einer genossenschaftlichen Produktionsweise einen hohen Grad
von Fleiss, Mässigkeit und Moralität, sowie einen hochgradigen
genossenschaftlichen Sinn zur Voraussetzung haben.

Die Arbeitsleistungen der einzelnen Mitglieder selbst in
der Hauskommunion sind allerdings verschiedener Natur. Es
findet in der Hauskommunion eine ziemlich weitgehende Arbeitsteilung statt, insofern die schwereren Arbeiten von den
stärksten Mitgliedern der Hauskommunion übernommen werden, während die Frauen und die älteren männlichen Mitglieder der Hauskommunion mit der Verrichtung leichterer
Arbeit und der Herstellung derjenigen Gegenstände betraut
sind, welche für den Hausbedarf zu dienen bestimmt sind.
Schliesslich finden wir in der Hauskommunion eines der kom-
munistischen Ideale verwirklicht, nämlich die gleichmässige
Nutzniessung aller Mitglieder an dem Gesamtvermögen, je
nach dem individuellen Bedarf.

Diesen Vorteilen der Hauskommunion stehen allerdings
auch nicht unbedeutende Nachteile zur Seite.

Auf den ersten Blick fällt uns hier ins Auge die Un-
möglichkeit wichtigere Geschäfte rasch und entschlossen auszuführen, weil der mit der Leitung der Geschäfte betraute
Hausvater an die Zustimmung der übrigen Mitglieder gebunden ist. Es macht sich eben auch hier der Mangel geltend,
an dem fast jede Genossenschaft leidet, mag sie nun zum
Zweck des Handels oder irgend einer andern Pruduktionsart
begründet sein. Und diese Schattenseite tritt um so bemerk-
barer hervor, je mehr Ansichten eine Berücksichtigung bei

Durchführung gewisser Angelegenheiten verlangen, denn: tot capita, tot sensus, und dies ist gerade bei der Hauskommunion, die in der Regel eine grössere Anzahl stimmberechtigter Mitglieder umschliesst, ganz besonders der Fall.

Aber nicht nur eine rasche und energische Leitung der Geschäfte durch den Hausvater ist auf diese Weise sehr erschwert, auch das einzelne Mitglied der Hauskommunion ist mannigfachen Beschränkungen der Freiheit hinsichtlich seiner Person und seines Vermögens unterworfen. Mag es auch von Vorteil sein, dass der Einzelne, der vielleicht verschwenderischer Natur ist, nicht nutzlos sein Vermögen zu vergeuden vermag; der Nachteil, der aus einer derartigen Beschränkung einem intelligenteren und sparsameren Menschen erwächst, wird um so fühlbarer sein. Denn gebunden an die Weisungen des Hausvaters und die Beschlüsse der Hauskommunion vermag der Einzelne seine etwaige höhere Begabung nicht zur Geltung zu bringen und als selbstverantwortlicher Unternehmer seine besseren Kenntnisse und Fähigkeiten zu seinem wirtschaftlichen Vorteil auszunützen. Dieser Mangel wird um so stärker hervortreten, je weiter die Kultur fortschreitet und je mehr durch Steigerung der Konkurrenz die wirtschaftliche Thätigkeit der Einzelnen angespornt wird.

Anderseits aber dürfen wir uns doch nicht, wie dies manche Schriftsteller thun, zu der extremen Behauptung hinreissen lassen, dass die Arbeitslust des Einzelnen durch den Gedanken, für die Hauskommunion arbeiten zu müssen, geschwächt würde, denn der Einzelne arbeitet auch in dem Bewusstsein, dass die Früchte seiner Arbeit auch seiner Familie und nach seinem Tode seinen Kindern zugute kommen werden.

Ferner wird dadurch, dass eben die Hauskommunionen fast ausschliesslich sich mit Landwirtschaft beschäftigen, ein Staat, in welchem viele Hauskommunionen sind, den Charakter eines Agrikulturstaates erhalten; er wird also gezwungen sein, die nötigen Industrieerzeugnisse zu importieren und hat als Äquivalent dagegen nur den Export an Produkten der Landwirtschaft. Treten dann einige Jahre hintereinander Missernten ein, so wird die Situation eines solchen Staates eine sehr ernste und ein Land kann auf diese Weise leicht an den Rand des wirtschaftlichen Ruins gebracht werden.

Diese Nachteile der Hauskommunion, besonders aber die beiden zuerst angeführten, trugen viel bei zu dem allmähligen Verschwinden derselben. Dazu kam noch, dass die staatliche Gesetzgebung, welche, obwohl vielleicht der Gesetzgeber durch sie die Hauskommunionen begünstigen wollte, mit dem innersten Wesen derselben doch nicht im Einklang stand.

Die Mängel dieser Gesetzgebung und ihre nachteiligen Folgen für die Existenz der Hauskommunionen näher darzustellen, soll unsere nächste Aufgabe sein.

Rechtsbegriffe eines Volkes sind nicht blos das Produkt einer höheren Civilisation, sondern kommen auch bei den Völkern vor, die sich auf der niedrigsten Stufe der Civilisation befinden. Bei allen Völkern stossen wir auf bestimmte Sitten, mögen diese auch oft mit den Anschauungen einer fortgeschrittenen Kultur nicht ganz im Einklang stehen. Bekannt ist das Zeugnis, welches Tacitus von den alten Germanen ablegt: „boni mores apud eos magis valent, quam bonae leges". So hatten sich denn auch bei den Slaven von Alters her gewisse gewohnheitsrechtliche Grundsätze entwickelt, unter denen für uns hier besonders der des gemeinschaftlichen Gutes und im Zusammenhang damit der der gleichberechtigten Nutzniesung an diesem Gemeingute in Betracht kommt.

Damit diese Institution erhalten bleibt, darf die Gesetzgebung nicht von dem Gewohnheitsrechte abweichen und noch weniger diesem conträre Bestimmungen enthalten. Die in der Hauskommunion herrschenden Rechtsverhältnisse stammen aus den Vorstellungen des slavischen Gewohnheitsrechtes,

die der späteren Gesetzgebung aus dem römischen Rechte.
Und wie verschieden sind nur diese Rechtsverhältnisse! Dort
ist der Geist des Familienrechtes vollkommen beherrscht von
der Idee der Familieneinheit, die ein bedeutendes Übergewicht
über die Bedeutung der einzelnen Personen besitzt, hier hat
der Begriff der unumschränkten auctoritas paterna eine bedeutende Ausbildung in den Gesetzen erfahren. Die Ver-
quickung solcher ganz diametral verschiedenen Rechtsbegriffe
musste naturgemäss zu manchen Widersprüchen in einem und
demselben Gesetz führen. Und eine derartige Vermischung
der Rechtsbegriffe erfolgte thatsächlich; denn die römischen
Rechtsanschauungen [1]) drangen durch die lateinische Humani-
täts- und Rechtsbildung des Adels und der Höfe in das Volk,
und durch die Übertragung dieses fremden Geistes auf diese
Weise, in die heimische Gesetzgebung. So stehen z. B. die
Paragraphen des serbischen Civilgesetzbuches, betreffend die
Erbschaft entschieden im Widerspruch mit der Institution der
Hauskommunion. Starb jemand in der Hauskommunion, so
trat nach altherkömmlichem Brauche keine Veränderung in
derselben ein, alles blieb beim Alten. Die moderne Gesetzgebung dagegen suchte diese Verhältnisse zu regeln, indem
sie Bestimmungen in Bezug auf die Erbfolge in der Hauskommunion einführte. Damit war der Begriff des Gesamt-
eigentums durchbrochen und der des gesonderten Einzel-
eigentums an dessen Stelle getreten. Hauptsächlich derartige
Bestimmungen können in gewisser Hinsicht als die Ursache
ihres rascheren Schwindens betrachtet werden.

Wo eine direkte Einführung dieses fremden Rechtes nicht
stattfand, da erhielten sich die ursprünglichen slavischen
Rechtseinrichtungen bis auf den heutigen Tag, ohne dass der
immerhin vorhandene Individualisirungstrieb vermocht hätte,
die Gemeinschaftlichkeit des Vermögens zu zerstören.

---

1) Vergleiche Utješenović, S. 18.

Jedoch darf man nicht wie manche Schriftsteller so weit gehen, die Gesetzgebung als eine der wesentlichsten Ursachen der Auflösung der Hauskommunion hinzustellen, denn erst wegen der zunehmenden Auflösung der Hauskommunionen wurde denselben eine grössere Aufmerksamkeit geschenkt, und man suchte durch die gesetzliche Regelung der Kommunionsverhältnisse das stark auftretende Schwinden derselben zu verhindern. In Österreich-Ungarn war es vor allem die Militärgrenze, welche auf dem Hauskommunionssystem beruhte, und deshalb war man auch gezwungen, dieselbe gesetzlich zu regeln. Ein Hofgerichtsrat äusserte[1]) sich folgendermassen bei der Einführung des Grenz-Grundgesetzes: „Das Hauskommunionssystem ist der Grundpfeiler, auf welchem die Militärgrenzverfassung beruht." „Dieses System muss demnach aufrecht erhalten werden, und auch bei der geringsten Modifikation desselben wäre die äusserste Vorsicht zu empfehlen."

In Serbien sah der Staat[2]) in der Hauskommunion eine Institution, welche im Stande war, die Wohlfahrt des Volkes zu fördern und zu erhalten, deshalb steuerte er auch der Auflösung derselben, soweit es ihm möglich war, entgegen.

In der Gesetzgebung Österreich-Ungarns in Bezug auf die Hauskommunion lassen sich leicht zwei Perioden unterscheiden. Erstens die Regelung der Hauskommunionsverhältnisse in Bezug auf die Militärgrenze (1807 und 1850) und zweitens die Regelung der Hauskommunionsverhältnisse im Allgemeinen (1870, 1874, 1876, 1880).

In Serbien dagegen haben wir nur eine einzige, einheitliche gesetzliche Regelung der Hauskommunionsverhältnisse durch das Civilgesetzbuch vom Jahre 1844, — nebenbei haben diese Verhältnisse auch eine Regelung erfahren durch

---

1) Utješenović. Die Hauskommunion der Südslaven. Wien 1859, S. 33.

2) Diese Ansicht ist heute noch die herrschende.

eine Reihe von Verordnungen und Erlassen, so besteht z. B. vor der Publikation des Civilgesetzbuches eine Verordnung vom 18. Juli 1839, B. No. 484, wonach keine H a u s k o m - m u n i o n e n   w i l l k ü r l i c h   g e t e i l t   w e r d e n   d ü r f e n, son- dern diesbezügliche Erlaubnis eingeholt werden m u s s.

In wieweit die erwähnten Gesetzgebungen einen nach- teiligen Einfluss auf die Hauskommunionsverhältnisse ausgeübt haben, wollen wir durch die Betrachtung einzelner Paragra- phen kurz veranschaulichen.

In dem Gesetze vom Jahre 1850 war die Teilung der Hauskommunionen nur mit der Zustimmung der Mehrheit der volljährigen Mitglieder gestattet. (§ 39, b) [1]). Ein jeder Teil musste nebst dem Wohnhause mindestens einen Besitz von sechs Joch Grundstücken als Stammgut nachweisen. Dass eine derartige Bestimmung der Teilung der Hauskommunion sehr hinderlich war, leuchtet ein. Ganz die entgegengesetzte Wirkung hatte die Gesetzgebung vom Jahre 1870. Durch sie wurde allen volljährigen Mitgliedern, ausgenommen die Söhne und Töchter, deren Eltern noch am Leben sind, das Recht gegeben, die Teilung der Hauskommunion zu verlangen, und diese musste dann auch ausgeführt werden. Man kann sich vorstellen, welchen verderblichen Einfluss dieser Para- graph auf die Hauskommunionsverhältnisse gehabt hat, da jeder ohne irgend welchen Grund, aus der Hauskommunion unter Mitnahme seines Teiles austreten konnte. Noch un- günstiger gestaltete sich die Lage der Hauskommunionen durch die Gesetzgebung vom Jahre 1874. Nach einer Be- stimmung derselben durfte vom Tage der Publikation dieses Gesetzes an keine neue Hauskommunion mehr begründet werden. Eine solche Gesetzgebung kann nur zur Vernichtung

---

1) Die Mehrzahl der Familienglieder beiderlei Geschlechtes, vom zurückgelegten 18. Lebensjahre an, muss zu der Teilung ihre Zustimmung gegeben haben.

der Hauskommunionen beitragen, denn wenn die Teilung der Hauskommunionen auf der einen Seite begünstigt, und auf der anderen Seite die Bildung neuer Hauskommunionen einfach untersagt wird, so kann man nur ihrem Untergange in Bälde entgegensehen. Durch das Gesetz vom Jahre 1880 wird die mangelhafte Ausarbeitung dieses Paragraphen eingesehen und so haben wir im § 5 [1]) dieses Gesetzes die wichtige Bestimmung, dass keine neuen Hauskommunionen gebildet werden dürfen, ausgenommen durch die Teilung der bestehenden. Die Bestimmung des § 7 [2]) ist ebenso wichtig, wonach jede Hauskommunion ein Minimum an Grundstücken besitzen muss.

Das Civilgesetzbuch für Serbien, welches im Jahre 1844 publiziert worden war, suchte in den §§ 507—529 die Hauskommunionsverhältnisse zu regeln. Dieses Gesetz hatte grossen, aber nicht den besten Einfluss auf die Hauskommunionen. Vor der Publizierung dieses Gesetzes kamen auch Teilungen von Hauskommunionen vor, aber nicht in so grosser Anzahl. Diese Teilungen waren entweder vollständige, so dass jede engere Familie sich einen neuen Herd gründete oder bloss partikuläre, indem die Familien getrennt wohnten, aber das Gut gemeinschaftlich bewirtschafteten. Es konnte aber auch der Fall eintreten, dass jemand mit seiner Familie

---

1) Vom Tage der Inkraftsetzung dieses Gesetzes kann keine neue Hauskommunion begründet werden, ausser durch Teilung einer bestehenden Hauskommunion.

2) Als Minimum an Bodenbesitz einer Hauskommunion wird bestimmt für die Bezirke Gradiška, Brod und Petrowardin 4 Morgen Land, für Primorje (Küstenland) 3 Morgen Land. Sinkt der Bodenbesitz unter das Minimum, so wird der Hauskommunionsverband zweckmässigkeitshalber aufgelöst. Die vorliegende Bestimmung bezieht sich nicht auf die Hauskommunionen, welche mit dem Tage der Inkrafttretung dieses Gesetzes nicht das Minimum an Bodenbesitz haben. Wenn trotzdem der unter dem Minimum stehende Bodenbesitz noch weiter sinkt, so soll zweckmässigkeitshalber die Hauskommunion aufgelöst werden.

aus der Hauskommunion ausgestossen wurde, weil er zu sehr
zur Teilung drängte. Bei der Teilung einer Hauskommunion
erfolgt die Auseinandersetzung entweder durch die Inter-
essenten selbst, indem der eine das Vermögen in die verschiedenen Teile teilt, anderen einen Teil wählen lässt und
den übrig gebliebenen Rest für sich nimmt; oder es werden,
um ein unparteiisches Verfahren zu sichern, Schiedsrichter
und zwar oft aus einem Nachbardorf bestellt, welche die
Teilung vorzunehmen haben. Nach der Publizierung dieses
Gesetzes treten die Teilungen der Hauskommunionen in einer
enormen Anzahl auf. Aus den Berichten des Ministeriums
des Innern sieht man, dass von 1861—1863 4469 Teilungen
von Hauskommunionen vor sich gingen und von 1865—1867
ist die Zahl auf 5024 gestiegen, so dass jährlich an 1700
Teilungen von Hauskommunionen erfolgt sind.

Auch an offenbaren Widersprüchen leiden die Gesetze.

§ 508 lautet [1]) unter anderem: Das Vermögen ist
das Eigentum Aller insgesamt. In § 510 heisst es
unter anderem: ohne Zustimmung aller grossjährigen
und verheirateten Männer ist der eine oder der
andere nicht berechtigt, mit dem Kommunions-
vermögen zu verfügen oder selbes zu verkaufen
oder zu verschulden.

Daraus ersieht man, dass keinem der Hauskommunions-
mitglieder ein Recht zustehen sollte, auf irgend welche Art
und Weise über das Hauskommunionsvermögen zu verfügen.

Ganz im Gegensatz dazu steht der § 515 des Gesetzes,
welcher lautet: Ein Hauskommunionsmitglied kann
nur auf seinen Teil Schulden machen.

---

1) § 508. Alles in der Kommunion befindliche Vermögen und
alle Habe gehört nicht einem Einzelnen, sondern Allen insgesamt,
und alles dasjenige, was jemand in der Kommunion erwirbt, hat er
sich nicht allein, sondern Allen erworben.

Betrachten wir die §§ 521 [1] und 522 [2]) gegenüber den schon erwähnten §§ 508 und 510, so kann nach denselben keine Rede sein von einer letztwilligen Verfügung in Bezug auf einen Teil des Hauskommunionsvermögens, da das Vermögen gemeinschaftlich ist. Ebenso steht der § 521 entschieden im Widerspruch mit dem § 516. Denn der § 516 lautet: Der Tod des Hausvaters oder irgend eines Hauskommunionsmitgliedes ändert nichts an dem Zustande und an den Beziehungen der Hauskommunion und der Gütergemeinschaft. Alles bleibt beim Alten. Und es ist wirklich unbegreiflich, wie man dann im § 521 von einer letztwilligen Verfügung sprechen kann.

Dass derartige einander vollständig widersprechende Bestimmungen naturgemäss zu vielen Streitigkeiten und Erbschaftsprozessen, auch zur Auflösung der Hauskommunionen führen müssen [3]), ist ersichtlich. Und man hat sich infolge dessen auch bemüht, diese Widersprüche durch Verordnungen und Erlasse zu regeln.

Von entschieden günstigem Einfluss auf das Gedeihen der Hauskommunionen, war dagegen der § 526 [4]).

---

1) § 521. Jeder in der Kommunion Lebende und die nötige persönliche Eigenschaft Besitzende kann über seinen Anteil bis zum Belaufe seines Wertes letztwillig verfügen. Hat jemand solcher Gestalt verfügt, so ist die Inventur aufzunehmen, damit der Anteil des Verstorbenen ausgeschieden werde, falls dieses bei seinen Lebzeiten nicht geschah und bezeichnet wurde.

2) § 522. Alles dasjenige, was jemanden in der Hauskommunion gehört, sei es Hauptvermögen, ein Zuwachs, eine Erneuerung oder eine Erwerbung, wird als ein persönliches Eigentum betrachtet, nach welchem das Verfügungsrecht über dasselbe gegenüber allen anderen in der Kommunion lebenden Erben bestimmt und begrenzt wird.

3) Jovanović im „Glasnik" führt uns eine Anzahl solcher Fälle an.

4) § 526. Die Verwandtschaft in der Hauskommunion hat bei der Erbfolge das Vorrecht vor der ausserkommunalen Verwandtschaft, selbst wenn diese in einem näheren Grade stünde. Indessen

Dieser bestimmt nämlich, dass die entfernteren Verwandten, die in der Hauskommunion leben, eher zur Erbschaft gelangen, als die näheren Verwandten, die ausserhalb derselben leben.

Trotz aller schädlichen Wirkung, welche die staatliche Gesetzgebung für die Existenz der Hauskommunion hatte, ist sie doch, wie schon oben erwähnt, nicht so sehr als Grund des Schwindens derselben zu betrachten, wie die fortschreitende kulturelle Entwickelung des slavischen Volkes.

In den Ländern, wo die Hauskommunion bestanden hat und wo sie heute noch besteht, konnte noch vor einigen Jahrzehnten von Handel und Verkehr keine Rede sein. Deshalb war jeder Einzelne angewiesen, wenigstens das Nötigste selbst zu produzieren. Da der Einzelne aber nicht leicht imstande war, so viel zu leisten, so verblieb er in der Hauskommunion, wo eine Arbeitsteilung in dieser Hinsicht vorhanden war, und die Hauskommunion war demnach so zu sagen ein Bedürfnis.

Als aber die vorgeschrittene Kultur auch in den slavischen Ländern ihren Einzug hielt, und Handel und Gewerbe aufzublühen begannen, da war dem Einzelnen die Möglichkeit gegeben, seine individuelle Begabung auf verschiedensten Gebieten zur Geltung zu bringen und sich eine wirtschaftliche Existenz zu begründen. Der Zwang, welcher durch die Hauskommunion den Einzelnen auferlegt war, insofern hier eben bloss Landwirtschaft betrieben wurde, und der Erwerb des

---

schliesst die stattgefundene Aufnahme eines Fremden in das Haus selbst die Blutsverwandtschaft ausser der Hauskommunion in Bezug auf die Erbfolge aus, wenn sie notorisch und mit Übereinstimmung der Kommunion vor sich gegangen war. Die minderjährigen Kinder jedoch, wenn dieselben der aus der Kommunion tretenden Mutter folgen, behalten ihre Rechte auch ausser der Kommunion. Auch in Fällen einer Gefangenschaft oder einer anderweitigen ähnlichen Not und Gefahr oder des Vaterlandsdienstes wird das Recht der Verwandtschaft bei der Erbfolge auch ausser der Kommunion aufrecht erhalten.

Einzelnen in die gemeinschaftliche Hauskasse floss, musste bald jedem, der frei und selbständig mehr zu erwerben hoffte, lästig erscheinen. Dazu kam noch, dass diejenigen Mitglieder einer Hauskommunion, welche ihre ganze Thätigkeit in den Dienst der Hauskommunion stellten, im Nachteil waren gegenüber solchen Mitgliedern, welche anderen Beschäftigungsarten zu ihrem Privaterwerb nachgingen und darüber die Kommunionsinteressen vernachlässigten. So schickten auch viele Mitglieder der Hauskommunion ihre Kinder in höhere Schulen, jene hatten, ohne irgend etwas für die Hauskommunion geleistet zu haben, gleiche Rechte wie die anderen Kommunionsmitglieder an dem Vermögen derselben.

Neben diesen eben erörterten Ursachen des Schwindens der Hauskommunionen werden von verschiedenen Schriftstellern noch andere Gründe angeführt, z. B. der Streit der Frauen, oder die ungleichmässige Verteilung der Arbeit an die einzelnen Mitglieder infolge von Parteilichkeit des Hausvaters. Jedoch ist diesen Gründen wenig oder gar keine Bedeutung beizumessen.

Schluss.

Wir haben im Laufe unserer Betrachtungen auf die Vorteile und die Mängel der Hauskommunion hingewiesen. Wenn wir diese einander gegenüberstellen, so müssen wir anerkennen, dass die Vorteile in sittlicher, wie auch zum Teil in wirtschaftlicher Beziehung so sehr überwiegend sind, dass wo die Kulturverhältnisse es gestatten, und die Hauskommunion nicht ein Hindernis für eine fortschreitende Entwickelung eines Volkes bildet, ihr Bestehen und weiteres Gedeihen nur zu wünschen und mit allen zu Gebote stehenden Mitteln zu fördern ist. Ganz besonders hat der Staat, in welchem Hauskommunionen existieren, die Pflicht die Verhältnisse in derselben auf Grund der ureigenen gesetzlich zu regeln und nicht im offenbaren Widerspruch mit demselben.

Wir könnten sogar die Begründung von Hauskommunionen in neu zu besiedelnden Ländern als wünschenswert
betrachten, weil dadurch der Zusammenhang zwischen den
einzelnen Ansiedlern gefördert wird und der wirtschaftliche
Erfolg solcher Besiedelungen ein gesicherter ist. Auch dürfen
wir nicht übersehen, dass in unseren so sehr entwickelten
Kulturverhältnissen manche Einrichtungen auf wirtschaftlichem
Gebiete angestrebt werden, die wir bereits in der Hauskommunion vorfinden. Man denke nur an die neuerdings ent-
standenen Erwerbs- und Wirtschaftsgenossenschaften und die
so vielfach angestrebten Produktivgenossenschaften.

Wenn wir aber auch für die Aufrechterhaltung des mit
den slavischen Volkssitten so eng verbundenen Instituts der
Hauskommunionen eine Lanze brechen wollen, so liegt es
uns andrerseits doch fern, dass man sich gegen die Segnungen
wahrer Civilisation verschliesse; wo bessere Verhältnisse Platz
greifen können, da darf nicht eine althergebrachte Einrichtung
ein Hemmnis bilden, sonst wird auch hier das, was früher
Wohlthat war, zur Plage.

Curriculum vitae.

Ich, der Unterzeichnete, bin geboren am 20. Juni 1869 in Belgrad (Serbien). Ich besuchte die Volksschule in meiner Heimat und darauf das Gymnasium bis zur fünften Klasse einschliesslich. Im April 1884 kam ich auf die Industrieschule (Realschule) in Winterthur in der Schweiz, absolvierte dieselbe und bestand daselbst laut beiliegendem Zeugnisse die Maturitätsprüfung.

Das Jahr 1888/89 war ich immatrikuliert bei der technischen Hochschule in München.

Vom Wintersemester 1889/90 an besuchte ich bis heute laut beiliegendem Anmeldebuch vier Semester lang die Universität Heidelberg.

M. W. Radulowits.

Litteratur.

Utješenović. Die Hauskommunion der Südslaven. Wien 1859.

Borisavljević und Žujović. Von der Hauskommunion, in der Monats-Zeitschrift „Pobratimstvo" 1881.

Turner. Slavisches Familienrecht. Strassburg 1874.

von Tkalac. Das Staatsrecht des Fürstentums Serbien. Leipzig 1858.

Jovanović. Die Hauskommunion nach den Vorschriften des serbischen Civilgesetzbuches, im „Glasnik" der serbischen Akademie der Wissenschaften. Buch XXXVI. Belgrad 1872.

Radosavljević. Bd. I. Die Evolution der serbischen Zadruga. Belgrad 1886.

Markowić. Serbien am Osten. Belgrad 1886.

Bogišić. Inokostina (Die Einzelfamilie). Übersetzung von Aćimović. Belgrad 1884.

Krauss. Sitte und Brauch der Südslaven. Wien 1885.

Bošković. Weltgeschichte. Belgrad 1866.

Serbisches Civilgesetzbuch. Publiciert 1844.

Navaović. Zakonik Stefana Dušana, zara srbskog. (Das Gesetzbuch des serbischen Kaisers Dušan.) Belgrad 1870.

Savić. Die Hauskommunionen bei den Südslaven, in der Zeitschrift „Pravda". Belgrad 1869.

M. Vežic. Zakoni i naredbe o zadrugah u Hrvatskoj i Slavoniji. (Gesetze und Erlasse in Bezug auf die Hauskommunion in Kroatien und Slavonien.) Agram 1880.

9 783743 620322